Wie der Floh dem Menschen half
Eine Steinzeit-Sach-Geschichte

Text und Illustrationen: Waldemar Drichel
Druck und Bindung: Proost, Belgien
ISBN 3-89858-241-8

OZ velber

WIE DER FLOH DEM MENSCHEN HALF

WALDEMAR DRICHEL

Es lebte einst vor langer Zeit im großen dunklen Wald ein wilder Mann.
„Bestimmt bin ich der einzige Mensch auf der Welt“, dachte er, weil er noch nie jemanden getroffen hatte, der ihm ähnlich war.
Das machte ihn traurig.
Sein Name war Heyo. So nannte ihn das Echo, denn es gab keinen anderen, der mit ihm sprach.

Heyo ernährte sich von wildem Honig, von Beeren und anderen Früchten. Wenn Säbelzahntiger oder Wölfe ihm von ihrem Mahl etwas übrig ließen, aß er auch Fleisch.
Er schlief auf der Erde und deckte sich mit Laub, Gras und Ästen zu. Wenn es regnete, versteckte er sich unter Bäumen. Wenn es kalt war, wünschte er sich ein langes und warmes Fell wie das von einem Bären.

Eines Tages fand er im Wald einen alten Wolf, der gestorben war. Heyo nahm sein Fell und zog es sich über. Und in der Nacht deckte er sich zu. Es war sehr warm, aber irgendetwas pikste ihn.
Als er am Morgen aufstand, war das Fell trocken und hart wie ein Stück Holz.

„Anziehen kann ich es nicht mehr, aber ich kann immer noch darunter schlafen“, dachte Heyo.
Dann legte er das Fell auf den Boden und suchte den Dorn, der ihn geplagt hatte. Doch er fand nur einen kleinen Floh, der früher auf dem Rücken des Wolfes gelebt hatte.

„Du also hast mich die ganze Zeit gebissen“, sagte Heyo und versuchte, den Floh mit der Hand zu fangen, konnte ihn aber nicht erwischen. Er versuchte, das kleine Tier mit den Zähnen zu fangen, aber schließlich hatte er nur den Mund voller Haare.
Wütend griff er zu einem Stein und schlug auf das Fell ein. Aber der Floh sprang hoch und versteckte sich in Heyos Bart. Heyo bemerkte es nicht und schlug immer wieder auf das Fell. Als er müde war und aufhörte, sah er, dass es weich und biegsam geworden war.
Heyo zog es über und fühlte sich wohl.

Von diesem Tag an benutzte Heyo oft Steine.
Er lernte, damit harte Nüsse zu knacken, Früchte von den Bäumen zu werfen und sogar hungrige Wölfe zu verscheuchen.

Einmal fand Heyo morgens ein Stück Fleisch.
„Der Tag fängt gut an“, dachte er und setzte sich hin, um zu frühstücken.
Aber der Floh biss ihm ins Bein. Heyo warf das Fleisch hin und beschloss, den Floh ein für alle Mal loszuwerden.
Der Floh sprang auf einen Stein und machte sich über den Menschen lustig, der ihn suchte, wo er nicht war.
Aber plötzlich bemerkte ihn Heyo. Er nahm einen Stein und schlug damit auf den Stein, auf dem der Floh saß, so dass die Funken flogen.
Doch dem Floh gelang es, abzuspringen und sich erneut im Bart zu verstecken.
Heyo sah, wie sich die roten Funken in Feuer verwandelten, wenn sie das trockene Laub berührten.
Sie fraßen die Blätter, wuchsen und tanzten dabei.
Heyo wollte eine Flamme berühren, aber sie biss ihn stärker, als es der größte Floh tun würde.

Um das Feuer zu verjagen, warf Heyo Steine hinein, aber es erschrak nicht und lief nicht weg, sondern versprühte Funken und wurde noch größer. Gegen Abend verwandelte sich die Flamme in ein riesiges rotgelbes Monster, das größer war als die größten Bäume.
Mit Geheul und Fauchen fraß es den Wald.
Heyo floh zum Berg am Waldrand und versteckte sich dort in einer Höhle.
Nachts kam ein starker Regen und löschte das Feuer.

Als Heyo am Morgen aus der Höhle trat, sah er, dass um den Wald herum ein großes abgebranntes Feld war. Vorsichtig ging er darauf zu. Unter den Füßen raschelte die Asche und knirschte schwarze Kohle. Heyo nahm ein Stückchen in die Hand und drückte es zusammen. Die Kohle hinterließ einen schwarzen Abdruck.
Er fuhr sich damit über die Hand, ein schwarzer Strich entstand.
Er machte das noch mal und noch mal, dann zeichnete er einen Kreis, setzte zwei Punkte hinein und lächelte.
Das war sein erstes Bild.
Er malte einen Floh und ging glücklich weiter.

Mitten auf dem Feld fand er das Fleisch, das er am Tag zuvor fallen gelassen hatte. Das Feuer hatte das Fleisch gebraten, es roch wunderbar und es schmeckte Heyo sehr.
Dann sah er ein paar Kohlen, die noch glühten.
In diesem Moment kam ein gelbes Blatt mit dem Wind angeflogen und legte sich auf die Kohlen. Das Blatt entflammte, dann ging das Feuer wieder aus. Heyo holte aus dem Wald noch mehr Blätter und warf sie nacheinander auf die glühenden Kohlen. Heyo begriff, dass ein Feuer nicht groß werden kann, wenn es kein Futter hat.
So lernte er, mit dem Feuer umzugehen.

Die Höhle wurde von nun an Heyos Zuhause.
Sie schützte ihn vor gefährlichen Tieren, vor Wind und Regen, im Sommer vor Hitze und im Winter vor Kälte. Und wenn ihm trotzdem kalt war, machte er Feuer und wärmte sich daran.

Auf der schwarzen Wiese säte der Wind Samen von wildem Weizen.
Im Frühling wurde die Wiese grün, im Sommer wuchsen die Ähren in die Höhe. Heyo aß jeden Tag grüne Körner und dachte daran, für den Winter einen Vorrat anzulegen, wenn sie reif wären.
Aber dann kamen wilde Tiere auf die Wiese.
Sie trampelten mehr Weizen nieder, als sie fraßen, und so flocht Heyo einen Zaun aus Ästen.
Und wenn die Tiere kamen, gab er ihnen etwas von seinem Weizen ab.

Mit der Zeit gewöhnten sich manche Tiere an ihn. Ein Pferd, eine Ziege und ein Schwein wurden zu seinen Haustieren.
Alles lief gut – nur der Floh quälte Heyo immer noch.

Eines Tages wollte Heyo wissen, was sich hinter dem Berg befand.
Der Weg war mühsam und lang.
Als Heyo oben ankam, sah er, dass hinter dem Berg ein Wald lag.
Und hinter dem Wald schimmerte das blaue Meer.

Heyo war erschöpft. Also legte er sich hin, um sich zu erholen.
Da hüpfte der Floh auf seinem Bauch herum.
Heyo schlug nach ihm. Der Floh wich aus. Und Heyo schlug sich auf den Bauch. Vor Schmerz sprang er auf, verlor das Gleichgewicht und rollte den Berg hinunter.
Als er endlich liegen blieb, setzte er sich auf den Boden und rieb seine schmerzenden Glieder.
Dann schaute er Richtung Meer. Soweit er sehen konnte, türkisblaues Wasser. Weiche Wellen umspülten den gelben Strand.
Bei alldem beobachtete ihn vom Gebüsch aus eine Frau. Sie lebte auf dieser Seite des Berges und dachte auch, sie wäre ganz allein auf der Welt. Jetzt sah sie zum ersten Mal einen anderen Menschen.
Sie freute sich, aber sie hatte auch Angst.

In diesem Moment entdeckte Heyo Spuren im Sand.
Sie glichen denen, die er hinterließ, waren aber etwas kleiner.

Sein Herz schlug höher vor Freude. Er drehte sich um und lächelte. Und sein Lächeln war so breit und froh, dass die Frau aufhörte, ihn zu fürchten, und auf ihn zuging ... Am Abend beschlossen sie, sich nie wieder zu trennen.

Sie gingen in Heyos alte Höhle
und lebten von nun an zusammen.
Die beiden waren glücklich, nur
dem Floh ging es nicht mehr so gut.
Denn es war schwer, sich vor den
Augen der Frau zu verstecken.
Deswegen zog der Floh zur Ziege.

Nur manchmal nachts, wenn es dunkel war,
kam der Floh zu den beiden ins Bett ...